# La foi

Du même auteur

Aux éditions Philippe Rey

*L'Évangile selon saint Loubard* (repris chez Points)
*L'Évangile, une parole invincible* (repris chez Points)
*Rallumez le feu!* (repris au Livre de Poche)
*Et si on parlait de tes mômes?*
*Réussis ta vie!*
*Mes plus belles prières*
*Ose l'amour!*
*Face à la souffrance*
*Lutte et aime, là où tu es!* (repris chez Points)
*La magie des animaux*
*Apprends à pardonner*
*Cœur de prêtre, cœur de feu* (repris chez Points)
*La vieillesse, un émerveillement*
*Petit guide de prière*
*Éveilleur d'espérance*
*Le couple*
*Occupe-toi des autres!*
*Vagabond de la bonne nouvelle* (repris chez Points)
*Le Bonheur*
*Nos fragilités*
*Jésus, un regard d'amour* (repris chez Points)
*L'humilité*
*La nuit s'approche, l'aube va arriver*
*Aime à tout casser!* (repris chez Points)
*Les sept sacrements*
*Prends le temps de vivre*
*Vie de combat, vie d'amour*
*La famille, trésor de notre temps*

Aux éditions Stock (repris au Livre de Poche)

*Un prêtre chez les loubards*
*La rue est mon église*
*Des jeunes y entrent, des fauves en sortent*
*L'Espérance aux mains nues*
*Aventurier de l'Amour*
*Avec mon aube et mes santiags*
*Les petits pas de l'Amour*
*Jusqu'au bout!*
*Dieu mon premier Amour*
*Des loups dans la Bergerie*
*Dealer d'Amour*

*Suite en fin d'ouvrage*

Guy Gilbert

# La foi

*La trouver, la vivre, la conserver*

Philippe Rey

Si tu veux m'écrire, fais-le par le biais de mon éditeur.
Si tu savais comme tu m'aides en me critiquant ou en m'engueulant. Ma plume alors s'enrichit.
Merci.

Ton frère

7, rue Rougemont - 75009 Paris

www.philippe-rey.fr

INTRODUCTION
# Le monde est-il hasard ou création ?

Notre monde est-il un hasard ou une création de Dieu ?

Nous butons sur cette éternelle interrogation, je le perçois à travers les multiples questionnements des gens qui de plus en plus souvent nient la création par Dieu de l'homme et de la nature.

L'avancée des sciences, de la médecine, la possibilité de manipulations génétiques, l'irruption de nouvelles technologies nous donnent un sentiment de surpuissance : nous avons l'impression que l'homme domine la nature, qu'il est être maître de son propre destin. Mais, tout en cédant à l'ivresse de notre intelligence, nous voyons bien que nous ne pouvons pas toujours répondre aux questions fondamentales : pourquoi sommes-nous ici sur cette terre ? Comment tout cela a commencé ? Qui nous a créés ?

Questions essentielles car elles conditionnent notre manière de vivre. L'homme contemporain nie, mais il est inquiet, et son inquiétude est déjà une réponse. Soit tout cela n'a aucun sens et du coup notre sens moral est réduit à sa plus simple expression : un code pour pouvoir vivre ensemble en société ; soit le monde est la création d'un Dieu qui nous aime, qui a un plan pour nous, et alors nous orientons notre vie vers notre accomplissement en Lui.

C'est un choix de la plus haute importance pour les hommes et les femmes de bonne volonté, un choix qui influe sur toute notre existence.

## Quand je dévore mon arrière-grand-mère

L'astrophysicien Hubert Reeves, pourtant athée, répondait à la question qui lui était posée sur l'origine de la création par cette phrase : « Lorsque j'écoute Mozart, je ne peux pas imaginer que cette musique soit le fruit du hasard. »

J'étais un jour en compagnie d'un chercheur spécialiste en biologie humaine. Il me disait que l'homme ne descend ni des chimpanzés, ni des guenons, ni des zébus. Sa théorie est que nous descendons des races marines. Nous venons de la mer, selon lui. Je l'écoutais avec passion. « Donc, les humains descendent des baleines, des dauphins et des morues », pensais-je. Il continuait alors qu'au restaurant j'étais justement en train de manger une sole meunière. Son argument était si convaincant qu'ayant fini mon plat, j'étais persuadé d'avoir dévoré mon arrière-grand-mère ! Il en savait tant sur la création que je lui ai demandé : « Mais alors, qui a fabriqué l'amour ? Qui a fait ce sentiment extraordinaire ? Qui a inventé cette chose qui nous pousse à chercher l'amour, dès la sortie du ventre de notre mère jusqu'au dernier jour de notre vie ? » Le mec n'a rien répondu. Il m'a seulement dit qu'un jour on trouvera la solution.

Personnellement je suis convaincu que nous ne la trouverons jamais, parce que ce sentiment supérieur qui nous habite tous, croyants ou non-croyants, restera un mystère.

Il s'agit du mystère de Dieu.

## L'amour m'a vrillé le cœur

Dieu a créé l'amour avant toute chose puisque pour nous, chrétiens, le principe premier tient dans ces trois mots de saint Jean : « Dieu est Amour. »

Ces trois mots, découverts à treize ans au séminaire, m'ont vrillé le cœur. Parce que je les ai crus.

Vraiment, et définitivement.

Ils m'ont fait marcher et courir, ces trois mots, depuis soixante-sept ans. Sans eux, j'aurais tout quitté depuis longtemps. C'est une force d'amour expérimentée, méditée et que j'ai tenté de pratiquer jour après jour. C'est la jeunesse de tous mes matins. C'est la paix du soir avant de dormir que de dire : « Seigneur, je T'aime. »

Pour moi, toute ma foi en Dieu se résume à L'aimer, d'abord. Ce ne sont pas des raisonnements à perte de vue, c'est une évidence, un saisissement qui m'accompagne : « Dieu est Amour. »

## Chacun chante la création à sa façon

Chaque croyant donne à Dieu le titre de Créateur du ciel et de la terre. C'est absolument évident pour nous, chrétiens. Nous nous émerveillons de toutes les saisons : de la beauté du printemps, renaissance de la vie ; de l'été somptueux, puissance de la nature qui éclate partout ; de l'automne qui nous offre ses superbes couleurs ; et de l'hiver aride qui masque et fige les végétaux. Les quatre saisons sont un enchantement. Un des plus grands moments de méditation est la contemplation de la nature.

Je vais dans la forêt de Fontainebleau et je vois naître les bruyères, voler les oiseaux. Un jour, en entendant le coucou, je me disais : « J'aimerais tellement le voir ! » Et par un hasard ou un signe de Dieu, le coucou s'est perché juste sur l'arbre au pied duquel j'étais assis. Et sa femelle l'a rejoint. C'était tout à fait étonnant. J'entendais cet hymne extraordinaire à la création chanté par le coucou. C'est un des oiseaux que j'aime le plus.

L'athée s'émerveillant devant un coucher de soleil ou un paysage splendide se révèle un immense croyant, mais aborde quelque chose qu'il ne peut pas nommer. J'estime que la prière d'un athée, cette contemplation devant la nature, est aussi forte que la prière d'un croyant. Le croyant montera directement vers Dieu alors que l'athée reste simplement fasciné par le spectacle. Mais son émotion est aussi authentique que la mienne. La nature nous amène à une indicible transcendance.

> *C'est le cœur qui sent Dieu, et non la raison.*
>
> Blaise Pascal

## La correction fraternelle

Disons-nous mutuellement nos faiblesses. Parlons-nous de nos manques. Disons-nous notre solitude dans notre foi. Et invoquons Dieu. La foi s'entretient quand elle se communique.

Tant de chrétiens sont bloqués, paumés, enfermés sur eux-mêmes. C'est quelque chose qui me frappe beaucoup. Alors que la foi doit être libératrice… Nous devons en parler entre personnes qui ont le même Livre. L'espérance réchauffe.

Et lorsque nous aimons Dieu, n'ayons pas peur de nous le dire entre nous. Enrichissons notre foi de la foi de l'autre. Parlons-en ensemble, l'espérance nous envahira et nous dynamisera.

## L'ami qui est toujours là

La Terre est l'antichambre de l'amour. Je n'ai pas perdu une miette de cette pensée depuis mon enfance. Si je la perdais, je perdrais tout. Je sais que Dieu nous aime et nous pousse à aimer, de façon extraordinaire. Mais nous devons faire silence devant Dieu et L'interroger.

Dieu est l'ami qui est toujours là, qui ne se barre pas. C'est le mystère d'aimer sans voir. Un ami, un amour, vous pouvez l'appeler sans cesse. Appelez le Seigneur comme l'ami, l'amant, l'amour que vous n'avez peut-être jamais eu. Il vous répondra. La foi, on peut la perdre, mais justement, c'est là qu'il faut appeler Dieu et dire que nous L'aimons. Alors, Sa réponse sera fulgurante.

Chaque jour, quand je fais l'Eucharistie dans des mains de pauvre, je me dis : « Seigneur, Tu es là. » Quand je vois ce pain dans mes mains d'argile, je ressens pleinement la présence du Seigneur et je me dis qu'Il est là pour les milliards d'humains sur terre.

*Je crois au Soleil, même quand il ne brille pas.*
Prière d'un prisonnier juif à Cologne

Un des signes de la foi, c'est le regard de l'autre. Je me souviendrai toujours du regard de Jean-Paul II, que j'ai rencontré deux fois. La façon dont il me regardait, comme si plus rien d'autre au monde ne comptait, m'a marqué de façon indélébile. Il possédait Dieu en profondeur, à tel point qu'il éclairait le visage des autres.

## Passer aux actes

Si nous avons la foi, nous devons passer aux actes. Sinon, nous sommes des unijambistes. Si notre foi ne nous mène pas vers les plus pauvres, vers le pardon, à demander pardon, alors elle est bancale. La présence visible du Christ peut être dans chaque personne que nous rencontrons, notamment les plus petits. Saint Jacques a dit que, sans les actes, « notre foi est bidon ».

Saint Vincent de Paul doutait beaucoup jusqu'au jour où il a pensé qu'il devrait aller vers les pauvres ; à partir de là, il n'a plus jamais douté. Il avait rencontré le Seigneur.

Ayez une foi sobre. Évitez les illuminations et les apparitions. Le Seigneur n'a pas besoin de tout ça. Il demande qu'on retrousse nos manches, que notre foi se transforme en vie. Il nous donne vingt-quatre heures par jour pour la vivre. Pas plus. Déchargez-vous de tout souci, Il prendra soin de vous.

Ayons une foi qui sonne juste. Nous n'avons pas à la défendre du matin au soir contre les attaques. Nous n'avons pas à être offensifs. Notre foi se communique par notre façon de vivre et l'amour que nous portons aux autres. Elle est lumière. Notre témoignage de joie et nos actes la rendent crédible aux yeux des autres. Le *Credo* du dimanche le crie. Dans ce monde où croire est difficile, la foi est comme une langue étrangère : si on ne la pratique pas par la prière et les sacrements, elle meurt très vite.

Avoir la foi, c'est croire dans le noir, c'est sentir la présence du Christ par sa parole, par les sacrements, par la liturgie et surtout par l'attention aux plus pauvres.

La foi n'est pas une autoroute, ni une nationale ! La foi est un chemin escarpé, un chemin de montagne. La foi est un risque : on ne connaît pas les cartes, on ne les retourne pas avant de jouer.

## Le bulldozer de la foi

Quand je me trouve devant un cas « impossible », je ne baisse jamais les bras. Je me sens comme un aventurier cherchant un trésor avec ses mains. Je creuse sans me lasser. Mes mains parfois s'écorchent, elles sont à vif, mais je continue, l'espoir au bout de mes doigts. C'est toujours à ces moments-là que le bulldozer de la foi agit, venant du côté où je ne l'attendais pas.

La foi consiste d'abord à se dire que Dieu m'aime avant que je L'aime moi-même. C'est merveilleux de pouvoir se dire cela et de le croire. Seul un cœur pur nous fait voir Dieu.

Nous devons nous débarrasser de tout ce qui nous encombre.

La foi, c'est se savoir aimé, et se purifier sans cesse.

La foi, c'est se savoir aimé inconditionnellement, de façon totale et absolue par Celui qui ne nous trahira jamais. Il s'appelle Dieu-Amour.

Le moteur de la foi, c'est l'amour par l'amour.

# 1
# Se tourner vers Dieu

Selon Georges Dumézil, les mots latins *fides* (foi) et *foedus* (pacte, accord, alliance) proviennent d'une même racine indo-européenne, *beidh-*, qui traduit l'idée générale de confiance.

« Foi » est donc synonyme de « confiance ». Avoir foi en quelqu'un, c'est lui faire confiance. Mais cela ne signifie pas qu'on doit faire confiance aveuglément. Il faut un certain nombre de raisons valables. Nous sommes plus humains quand nous pouvons établir une relation de confiance. Mes jeunes ont perdu foi en l'homme. Mais quand ils établissent une relation de confiance, avec moi ou mes adjoints, alors tout change.

C'est strictement humain, mais on peut se placer sur un plan divin aussi. Dieu nous propose d'entrer avec Lui dans une relation de confiance. Il s'adresse à nous par Sa parole. Ma foi n'est qu'une réponse à la proposition de Dieu, à l'Évangile.

Dieu est là, toute patience, Il nous attend. Si nous acceptons de nous tourner vers Lui, d'écouter Sa parole, alors nous serons transformés.

## Nos prétextes

Le Seigneur nous appelle souvent pour mille choses mais nous refusons presque systématiquement. Nous inventons sans cesse des prétextes. Nous prétendons que nous avons quelque chose d'autre à faire.

Un exemple tout à fait caractéristique est notre refus de prier. On se dit : « Je vais prier aujourd'hui. » Mais le matin, on manque de temps. Alors on se dit : « Je vais prier cet après-midi. » Et l'on ne trouve pas le moment. On ne prie pas et l'on se dit : « Je prie ce soir », et le soir arrive, puis on oublie. On s'en souvient tout à coup et l'on se promet de prier demain. En agissant ainsi, on passe son temps à esquiver l'appel à la prière. Ce n'est pas très sérieux.

Le Seigneur nous invite sans cesse à travers ces appels à être avec Lui pour ces moments d'amour merveilleux. Combien de temps prenez-vous pour Dieu au cours de votre journée ? Je vous pose cette question comme je me la pose à moi-même.

Il ne résiste pas à ce moment d'amour que nous Lui offrons.

Prenez la résolution pour aujourd'hui, car demain il sera trop tard, de demander au Seigneur de vous permettre de Lui donner du temps. Ne repoussez pas à plus tard ce temps-là. Que cette journée soit consacrée à Dieu, à vos travaux et surtout à ce moment d'amour!

## La foi est un risque

Dieu vient à moi dans la souveraine liberté de Son amour. Telle est ma foi et ma confiance: Dieu m'aime. C'est tout!

La foi consiste d'abord à se dire que Dieu m'aime avant que je L'aime moi-même. C'est merveilleux de pouvoir penser cela et de le croire. La foi est un chemin escarpé, un chemin de montagne. Ce n'est pas une autoroute ni une nationale!

La foi est un risque: on ne retourne pas les cartes avant de les jouer.

La foi et la purification ouvrent à la contemplation.

Nous voulons connaître ce chemin immédiatement. Le chemin obscur de la foi nous sera ouvert d'abord par l'humilité, à condition d'avoir un cœur pur.

Le Seigneur nous donne la clé.

## Seul un cœur pur nous fait voir Dieu

Nous devons nous débarrasser de toutes nos ordures, de tout ce qui nous encombre, pour voir Dieu. La foi, c'est se savoir aimé et se purifier sans cesse.

On me dit parfois que je manque d'humilité. Bien sûr, je suis un orgueilleux ! Mais j'essaie de bûcher l'humilité. Avant de la prêcher, j'essaie de la travailler. Évidemment, comme chacun d'entre nous, je retombe souvent dans l'orgueil. Alors je bûche à nouveau ! C'est cela l'important.

Dieu n'attend pas l'ascèse, mais l'amour et l'humilité. Trop d'ascèse est l'ultime volonté de puissance et de possession. Un Père de l'Église a prononcé cette phrase frappante : « Le péché et l'humilité valent mieux que la vertu assortie d'orgueil. » Je crois qu'il avait bien bossé l'affaire.

## Les petits « oui »

Les petits « oui » d'une journée sont très importants. Quand nous sommes en union avec le Seigneur, ils nous appellent aux grandes décisions. Ce sont les multiples petits « oui » que nous aurons su dire quotidiennement à Dieu qui feront jaillir, un jour, le grand « oui », le jour où l'on aura décidé quelque chose de capital pour soi ou pour les autres.

Le Christ disait : « Je ne suis pas venu faire ma volonté mais la volonté de Celui qui m'a envoyé. »

Si nous voulons faire la volonté de Dieu, chaque jour, alors faisons-la, cette prière, en plus des bonnes résolutions que nous aurons préparées le matin pour notre journée.

Un priant qui possède sa journée fait la volonté de Dieu. Celle-ci n'est certes pas toujours une nourriture appétissante. On rechigne, il y a quelques couleuvres à avaler dans une journée d'homme ou de femme, mais cela nous mène à faire la volonté de notre Père.

## La sainteté chaque jour

Il faut une foi puissante pour vivre cette théologie du jour présent, pour vivre en union avec Dieu à travers les peines d'une vie.

Chaque jour, dans toutes les couches de la société, nous pouvons vivre pleinement notre journée, que l'on soit sur une route balisée ou au milieu des imprévus dans les chemins de traverse. Il suffit d'une foi ardente pour que les bras de Dieu s'ouvrent à tout moment. De vingt-quatre heures en vingt-quatre heures, nous pouvons vivre dans la joie de rester sous le regard du Seigneur.

Chacun de nous peut devenir un très grand saint, avec l'aide de Dieu. Pas besoin d'héroïsme pour cela, sinon de voir le monde tel qu'il est, de l'aimer tel qu'il devrait être et de vouloir le changer. À condition, également, de s'aimer suffisamment soi-même pour vouloir changer les scories que l'on trimballe.

Il y a des saints extraordinaires, des champions de l'amour, évidemment, mais sachez que plus vous serez faibles, mieux cela vaudra, du point de vue de la miséricorde divine. Souvenez-vous que Dieu part de nos faiblesses pour nous conduire vers la sainteté.

« Être où Dieu veut, disait Marthe Robin, y faire ce que Dieu veut, toute la sainteté est là. » Alors, que vous soyez président de la République, infirmière, ouvrier ou chômeur, investissez-vous dans l'aujourd'hui que Dieu vous donne, et fichez-vous complètement du lendemain.

## La force silencieuse de la bonté

La bonté peut nous aider énormément à lutter contre l'indifférence, l'égoïsme, l'hostilité naturelle que nous avons tous en nous. Un seul geste de bonté de notre part, et quelque chose d'essentiel à la vie humaine est réalisé. Et cela nous est aussitôt rendu.

L'Évangile dit : « Celui qui fait le bien vient à la lumière. »

La bonté est la preuve du mystère de Dieu.

Elle est une source plus profonde que notre cœur puisque c'est le cœur de Dieu qui agit en nous. Les gestes fous sont possibles aussi. Souvenez-vous encore une fois du père Kolbe.

Le 10 octobre 1982, celui qui, sur la place Saint-Pierre, apportait à l'autel les offrandes pour la canonisation du père Kolbe, était le Polonais à qui ce dernier avait sauvé la vie, quarante ans auparavant, en proposant de prendre sa place dans le « bunker de la faim » à Auschwitz.

Les témoins rescapés ont touché là le mystère de la bonté poussée à son extrême.

## Raymond m'a rapproché de Dieu

Pour celui qui est bon, il n'y a pas six milliards de personnes dans le monde, il n'y a qu'une seule personne devant lui, celle qu'il rencontre en ce moment même.

Une seule personne existe, celle que tu sers, celle que tu regardes.

Quand je rentrais à ma permanence, à Paris, à 3 heures du matin, souvent Raymond m'attendait. C'était un marginal qui vivait dans la rue depuis trente ans. Il avait beaucoup d'humour. Il me rappelait souvent ceci : « Je suis un schizophrène chrétien en voie de réinsertion ! » Je m'étais aperçu qu'auparavant je ne le regardais même pas. J'avais l'habitude de voir cet homme, à moitié clochard, dans la nuit, au coin de ma rue. Je lui donnais un peu d'argent pour aller prendre un café, on discutait un moment, mais je ne le regardais pas. Alors j'ai fait un effort. Je l'ai regardé vraiment par la suite, et ce n'était même plus un effort, c'était un échange de regards.

On s'habitue si vite à seulement recevoir, sans communiquer vraiment.

Raymond, cet être unique, m'a rapproché de Dieu.

## Posez des actes de bonté gratuite

Combien de fois ai-je entendu : « Vous recevez bien peu de jeunes à Faucon… Il y a si peu d'élus. Tant d'énergie pour quelques-uns ! » Je réponds en citant une sourate du Coran : « Si tu sauves une seule personne, tu sauves le monde entier. » J'en suis convaincu. Vouloir tout faire, c'est ne plus rien faire. Faire peu et aller jusqu'au bout, cela me semble la performance absolue.

Chacun, avec ses dons, peut faire quelque chose. Ne quantifions pas les gestes de bonté que nous faisons. Je n'ai jamais cherché à devenir une multinationale, mais à faire vivre un esprit en restant à taille humaine. Je continue à appeler chaque jeune par son prénom, à savoir les petites choses qu'il aime ; à voir toutes ces frimousses quand j'arrive le vendredi en fin de mois et que je mange, seul, avec eux.

Annoncez Dieu par la bonté, parce que la bonté éveille au sens de Dieu. Posez des actes de bonté gratuite, vous éveillerez au sens de Dieu, toujours.

Si, à 2 heures du matin, un mec paumé vous demande une cigarette, répondez-lui : « Non, je n'ai pas une cigarette, j'ai un paquet de cigarettes. » Le gars est alors rempli de joie.

L'athée cherchera la source. Le croyant verra.

## Lire l'Évangile est une grâce

Pour se tourner vers le Seigneur, rien ne vaut l'Évangile. Il suffit de l'ouvrir, de prendre le temps, le Seigneur est présent partout. Sa parole est vivante. Parfois se produit un choc immédiat : il a suffi à certains saints de découvrir un court passage pour croire aussitôt à la vérité du Seigneur vivant. C'est rare.

Lisez la Bible tous les jours, si possible. Le matin, c'est ma pratique. À chacun de trouver la sienne.

Lire la parole de Dieu est une grâce, aucune lecture spirituelle n'aura la force de l'écriture sainte. On peut lire d'autres textes spirituels, mais la Bible est fantastique. Elle ne convertira pas forcément, mais elle peut transformer chaque jour.

Sainte Thérèse de Lisieux a été nommée docteur de l'Église. Peu intellectuelle, la petite carmélite qu'elle était a autant reçu de l'Évangile que le plus grand des prédicateurs.

Quels chapitres devons-nous lire ? Moi, la parabole de l'enfant prodigue m'émerveille. Le Seigneur qui nous attend du haut de la tour. Le semeur, la semence qui tombe dans le chemin rocailleux et celle qui tombe sur la bonne terre. Le jugement dernier, la multiplication des pains, la pêche miraculeuse, la veuve qui n'avait qu'un sou, Marie-Madeleine, la pute, le bon larron, ce pourri qui demande pardon... Peu importe le texte choisi. Ouvrez la Bible et lisez...

## Le Dieu qui me fait grandir

La crainte de Dieu a été dominante au XIX^e^ siècle. Pourtant notre Dieu n'est pas terrifiant, Il n'est pas un Dieu vengeur. C'est le Dieu des petits. Le Dieu que j'aime est un Dieu d'amour. Il m'attend sur Sa tour pour que je revienne à Lui sans cesse. C'est le Dieu de l'enfant prodigue. Il se peut que je fasse des conneries sur mon chemin, mais Il m'attend et me dit : « OK, reviens vers Moi. Viens, Je te donne Ma miséricorde. »

Ce Dieu-là me fait grandir.

## L'écoute, un chemin sûr vers Dieu

Écoutez. Écoutez inlassablement. Notre monde crève de manque d'écoute. Nous avons plus que jamais besoin de gens qui écoutent. L'écoute, c'est accueillir l'autre à plein cœur, le regarder toutes antennes dehors.

Écouter à plein cœur, c'est être le serviteur de l'autre, c'est se rendre très humble. Que le patron soit, par l'écoute, le serviteur de ses employés, de ses ouvriers. À la maison, la femme qui s'occupe du ménage et des enfants est la plus grande parce qu'elle sert les plus petits. Alors soyez son serviteur.

Le prêtre dans son église est le serviteur des plus petits de son quartier, de son village, de sa communauté paroissiale.

Soyez des êtres d'écoute et soyez des serviteurs les uns des autres.

Écoutez vraiment. De l'intérieur. Pas entendre, mais écouter, rentrer à l'intérieur de l'être, en révéler des choses incommunicables autrement. Pour cela, être bien construit, parfaitement éveillé grâce à la prière.

Enfin s'écouter, soi, dans le silence absolu.

Dieu n'écoute que dans le silence de l'âme pacifiée.

## 2
## Dieu est Amour

Mon enfance a baigné dans le regard de tendresse d'un homme et d'une femme. Mon père et ma mère nous ont aimés tous les quinze. Sur ce roc d'amour, Dieu a bâti en moi le désir immense de Lui donner ma vie. Soixante-sept ans après, c'est toujours aussi merveilleux. Récemment encore, une personne m'a demandé : « N'auriez-vous pas envisagé une autre carrière ? – Impossible ! » J'étais fait pour être prêtre quand j'ai reçu l'appel sacerdotal à treize ans. Et j'étais fait pour être éducateur quand j'ai rencontré le premier môme abandonné. Mes deux vocations de prêtre et d'éducateur se sont unies irréversiblement. Je ne le dirai jamais assez : cet amour géant de mes parents lié à l'Amour de Dieu a enchanté ma vie.

Quand j'étais petit, j'étais gros et on m'avait recommandé de pratiquer le cross pour maigrir. Lorsque je traversais la forêt en courant quasiment tous les jours, je me répétais « Dieu est Amour » et à chaque arbre que je voyais, j'imaginais une personne qui m'entendait. Alors, quand je parle à des foules aujourd'hui, je me dis que mon rêve d'enfant s'est réalisé. Je crois que les gens ont un immense besoin d'être aimés. Et qu'ils ont besoin de Dieu sans bien le savoir.

Nous allons vers l'amour. C'est l'enjeu de notre vie terrestre.

## Dieu nous a faits libres

On appelle sans cesse Dieu à notre secours : « Aie pitié de moi ! – Guéris-moi ! – Sauve-moi ! – Pardonne-moi, pauvre pécheur ! », etc. Je ne dis pas qu'il faut se taire, mais on ne doit pas uniquement se plaindre, sinon le Dieu que vous priez vous réduira à être de perpétuels assistés et quémandeurs.

Ce Dieu-là risque de s'emparer de votre liberté, alors que la merveille de Dieu est qu'Il nous a faits libres. Toujours supplier Dieu tue la joie. Si, le malheur arrivant, on se dit : « Mais qu'est-ce que j'ai fait à Dieu pour mériter ça ? », on arrive à une conception d'un Dieu sadique qui se vengerait de Ses créatures.

Ce Dieu n'existe pas. Parce que tel n'est pas le Dieu des chrétiens. Dieu ne veut ni juger ni punir, mais nous sauver. Pouvoir voir Dieu ainsi est une renaissance. Et c'est merveilleux. Mais pourquoi cela nous est-il si difficile? Parce que nous avons peur de Dieu. Parce que nous craignons qu'Il soit comme nous sommes entre nous : toujours en train de juger et de critiquer, plein de mépris et de suffisance. Nous avons du mal à imaginer que Dieu puisse être différent de nous et nous avons toujours tendance à l'imaginer à notre image.

Puissions-nous changer l'image que nous nous faisons de Dieu, pour qu'elle ne soit pas empreinte de peur ! Mais confiante en Son amour.

## Dieu est un mendiant d'amour

Pourriez-vous aimer d'un grand et véritable amour un homme ou une femme qui se contenterait de vous demander toujours quelque chose, toujours plus de signes, sans jamais vous déclarer sa flamme ? Il faut dire : « Je t'aime ! » si l'on veut être aimé. Personne ne résiste à ces mots. Dieu pas plus que nous.

La vraie prière purifie notre image de Dieu, elle nous délivre de l'image d'un Dieu pervers. La vraie prière est une prière de louanges et d'amour, pas de demande. Dieu est un mendiant d'amour.

Depuis l'âge de treize ans, je continue à croire, avec toujours autant de force, que Dieu est Amour, et c'est ma joie. C'est par la prière que je crois. Sinon, avec tout ce que je vis et vois, il y a bien longtemps que j'aurais dit : « J'arrête, c'est trop dur. » J'ai demandé à Dieu cet amour, chaque jour.

Dieu ne doit pas inspirer la peur, ni la crainte, ni le châtiment. Quand vous tremblez à l'idée que Dieu ne vous pardonnera jamais telle ou telle mauvaise action ou pensée, dites-vous que Dieu est joie, croyez que Dieu est miséricorde. Il vous jugera, c'est normal, mais Il est d'abord miséricorde.

Si nous prions ce Dieu amour, Il nous propulse vers les autres et vers nous-mêmes. Dieu nous appelle à la lumière et à la liberté. Il nous veut libres, heureux et aimants. C'est la prière de Dieu qui donne la foi, qui provoque l'amour.

Le mendiant d'amour qu'est Dieu nous supplie de Lui dire : « Je T'aime. »

## Aime-Moi, tel que tu es

*Je connais ta misère, les combats et les tribulations de ton âme ;*

*La faiblesse et les infirmités de ton corps ;*

*Je sais ta lâcheté, tes péchés, tes défaillances ;*

*Je te dis quand même : « Donne-Moi ton cœur, aime-Moi tel que tu es. »*

*Même si tu retombes souvent dans ces fautes que tu voudrais ne jamais connaître,*

*Même si tu es lâche dans la pratique de la vertu,*

*Je ne te permets pas de ne pas M'aimer. Aime-Moi comme tu es.*

*À chaque instant et dans quelque position que tu te trouves,*

*Dans la ferveur ou dans la sécheresse,*

*Dans la fidélité ou dans l'infidélité.*

*Je veux l'amour de ton cœur indigent.*

*Mon enfant, laisse-Moi t'aimer, Je veux ton cœur.*

*Je compte bien te former mais, en attendant, Je t'aime tel que tu es.*

*Et Je désire voir, du fond de ta misère, monter l'amour.*

*J'aime l'amour des pauvres, des petits ;*

*J'aime le chant de ton cœur, le seul chant qui M'importe.*

*Qu'ai-Je besoin de ta science et de tes talents ?*

*Ce ne sont pas des vertus que Je te demande,*

*Et si Je t'en donnais, tu es si faible que bientôt l'amour-propre s'y mêlerait.*

*J'aurais pu te destiner à de grandes choses : non, tu seras le serviteur inutile,*

*Je t'ai créé pour l'amour.*

*Ne cherche qu'à remplir le moment présent de ton amour.*

*Je me tiens à la porte de ton cœur comme un mendiant,*

*Moi, le Seigneur des seigneurs, Je frappe et J'attends, hâte-toi de M'ouvrir.*

*Je veux que tu penses à Moi à chaque heure du jour et de la nuit.*

*Quand il te faudra souffrir, Je te donnerai la force ;*

*Tu m'as donné l'amour, Je te donnerai d'aimer au-delà de ce que tu as pu rêver.*

*Mais souviens-toi : « Aime-Moi, tel que tu es. »*

*N'attends pas d'être un saint pour te livrer à l'Amour, sinon tu n'aimeras jamais.*

## Un accro de Dieu

Il m'avait demandé un rendez-vous urgent. Alors je n'avais plus qu'à m'imaginer qu'il était dans la merde : besoin d'argent, couple en déroute, affaires avec la justice…

Il entre dans mon bureau. Et il attaque : « Guy, parle-moi de l'Amour de Dieu. » C'était une première. Tellement inattendu que j'ai failli avaler mes deux dentiers. Sublime moment. Jean-Marc est un accro de Dieu. Après une vie de déroute remontant jusqu'à la prime enfance, il a rencontré Dieu à travers des couples chrétiens et un prêtre.

Saisi, il n'a de cesse de vivre cet Amour qui lui est tombé sur la gueule. Loubard, il l'est resté dans le meilleur. Taxi, il a emmené combien de fois gratuitement des jeunes, prêts à n'importe quel mauvais coup, dans les banlieues lointaines.

Par cette rencontre il m'a appris, Jean-Marc, que si je n'ai pas, chevillé à l'âme et au corps, l'Amour de Dieu à respirer, à méditer, à vivre, mes journées ne sont faites que de rendez-vous utiles, de dialogues fructueux, de rencontres intéressantes, de sauvetages indispensables... sans plus.

Cette chaleur de l'Amour qui m'envahit à l'aurore (enfin, vers midi, à mon réveil), si elle est demande urgente à Dieu de révéler par ma vie cet Amour qui me brûle, alors je peux foncer dans la mêlée.

Le Cœur de Dieu ne me quittera pas. Je le Lui ai demandé. Il ne peut faire autrement que de me le donner.

## Ce sera infiniment plus beau là-haut

Si je crois à quelque chose de prodigieux après la mort, c'est bien à l'Amour que j'y trouverai. Si Dieu nous donne cette sensation de l'amour sur terre, c'est pour nous préparer à cet Amour infini. J'ai la conviction absolue que la mort est le paradis de l'Amour. La terre est l'antichambre de l'Amour. Je n'ai pas perdu, me semble-t-il, une virgule de cette pensée depuis mon enfance. Si je la perdais, je perdrais tout.

Souvent quand je vois des paysages splendides, je me dis que ce sera infiniment plus beau là-haut. Ici, je n'ai que les yeux de la terre, je n'ai que les oreilles de la terre, je n'ai que les pieds de la terre, mais là-haut, les choses seront tellement plus belles. La mort m'apparaît comme une rencontre sublime et que j'attends, pas du tout avec impatience, mais quand elle viendra… Ce que j'aimerais, c'est la voir venir. Oui. Et pas trop souffrir, non… quand même. Mais la voir venir et pouvoir dire à Dieu, en sentant qu'elle est proche : « Je T'attendais ! »

Et les autres, « ceux qui restent » ? me direz-vous. Les victimes de ma propre mort, en quelque sorte ? Je ne voudrais pas plagier sainte Thérèse, mais à la question angoissée des jeunes qui me disent : « Quand tu seras là-haut, qui s'occupera de nous ? », je réponds avec humour : « T'inquiète pas ! Là-haut, je t'aiderai. J'aurai beaucoup plus de pouvoir que je n'en ai maintenant. Le CCP du Seigneur est plus important que le mien. (Je dis ça aux mecs qui me tapent sans cesse du fric.) Il te le fera parvenir, le blé. Je ne te lâcherai pas ! »

Je connais la vie des mecs et des filles qui sont morts malgré mon accompagnement et celui de mon équipe. Comme ils n'ont connu que la violence, évidemment ils sont morts violemment. Mais, finalement, au fond d'eux-mêmes ils ne cherchaient que l'amour. Et là, ils l'ont enfin, cet amour…

C'est ainsi que, spirituellement, j'enterre dans la douleur, mais « joyeusement », mes gars et mes filles.

## Une religion de la confiance

Pour nous rapprocher de Dieu, rapprochons-nous de nos prochains. Avec notre entourage, si nous étions nous-mêmes des sources de l'amour, des sacrements de l'amour, nous n'aurions pas besoin de paroles ! Le témoignage de vie et le respect que l'on porte aux autres sont suffisants. Être attentif à tout ce qui blesse une personne, pardonner, rendre service. L'amour seul est la source. Je ne le dirai jamais assez.

Les hommes ont tant construit en prenant source dans la peur de l'autre. La force du christianisme est d'oser dénoncer cette peur et d'affirmer que les rapports humains sont fondés sur l'amour. Normalement, l'amour n'est pas très naturel. La jalousie, la rapacité, la calomnie nous guettent. Le christianisme est la religion de la confiance. Il nous demande de faire confiance à ceux et celles qui ont vu le Christ, et qui nous affirment qu'il est vivant. La grandeur du christianisme vient de sa fragilité à reposer entièrement sur la confiance. Le christianisme refuse d'imposer sa vérité. C'est la trajectoire pédagogique prodigieuse du Christ. Jamais il n'a rien imposé.

## Renversez les positions

Saint Augustin disait que l'amour fraternel doit être universel. L'affection limitée à une famille ou à des proches n'est pas digne d'un croyant. Cette affection-là se rencontre chez les animaux.

« Renversez les positions », dit Augustin. Pour s'aimer, il faut d'abord se connaître, pensez-vous ? Non, pour se connaître, il faut d'abord s'aimer ! On ne connaît pas vraiment quelqu'un tant que l'on n'est pas entré dans le sanctuaire de son amitié. C'est la merveille de l'amour : inutile de se connaître pour nous aimer. Si l'on aime son voisin, on le connaîtra de l'intérieur immédiatement.

Et plutôt que de nous demander sans cesse si Dieu existe, allons-y, aimons-Le, Il nous deviendra proche, inséparable de notre sérénité.

# 3
# La traversée du doute

Est-ce qu'on peut perdre la foi ?

Oui. Regardez les grands saints : ces contradictions, ces doutes, ils les ont vécus. Souvenez-vous du reniement de saint Pierre, dans les dernières heures de sa vie ; de saint Augustin torturé par la concupiscence ; des longues heures d'interrogations de sainte Thérèse de l'Enfant-Jésus, de sainte Thérèse d'Avila, de Charles de Foucauld, de sœur Emmanuelle…

Regardez saint Paul de la Croix, fondateur des passionnistes. Il disait que, parfois, il n'avait plus la foi, mais qu'il savait que ce qu'il prêchait était vrai en voyant la paix sur les visages autour de lui.

Regardez Mère Teresa, qui a étonné le monde entier. En contraste avec l'étendue immense et rayonnante de son action, ses carnets révèlent une terrible nuit de la foi… Une nuit de cinquante ans !

Je n'ai pas connu moi-même cette terrible nuit, mais j'ai ressenti l'angoisse devant chaque visage des jeunes que j'ai enterrés ; me disant parfois que tout n'était que violence.

À la limite, vivre avec des pauvres est peut-être plus facile que de vivre avec des loubards. Ces derniers sont des pauvres, mais à cette détresse s'ajoute une violence dingue. Une mission comme la mienne nécessite une proximité de Dieu très forte. Il m'a gardé cette présence jusqu'ici. Je peux en témoigner.

Le doute n'est pas un obstacle à la sainteté. Les mystiques sont les évangélisateurs idéaux dans notre monde postmoderne où l'on vit comme si Dieu n'existait pas. Ils travaillent avec amour. Ils aiment dans l'obscurité et la souffrance, et ce qu'ils ressentent au plus intime d'eux-mêmes les rapproche de Dieu.

## Est-ce que Dieu existe ?

Nous sommes de plus en plus attirés par des biens matériels toujours plus nombreux. La moitié de vos petits-enfants seront centenaires. Nous faisons reculer la maladie et la mort de façon ahurissante. Finalement, ces progrès ont pour conséquence de nous mettre en distance par rapport à Dieu.

Plus nous nous enrichissons, plus nous nous détournons de Dieu. Paradoxalement, malgré le confort matériel qu'ils acquièrent, les hommes cherchent toujours Dieu désespérément. Je le constate sans cesse. Dans les salles où je vais, je suis toujours bouleversé, elles sont pleines. Je m'interroge. Les gens ne vont-ils pas se lasser, à la fin ?

En réalité, deux thèmes les hantent :

Est-ce que Dieu existe ? Qui a fait la nature, qui a provoqué le mal qui a permis la souffrance, la maladie et la mort ?

La violence interpelle chacun de nous. Le terrorisme a frappé au cœur de Paris, deux fois en 2015. L'insécurité actuelle est la préoccupation de chaque citoyen. Tant d'affaires se produisent chaque jour. Et les jeunes se révoltent de plus en plus tôt. Où est la place de Dieu dans tout cela ?

## Pourquoi la souffrance ?

Ma vie de prêtre est sans cesse confrontée à la souffrance.

Pourquoi souffrir ? Le péché originel, la pomme et le serpent : ça ne me satisfait pas. Pourquoi, dans le plan de Dieu, la souffrance existe-t-elle ? À l'horizon humain, la souffrance est injustifiable. Si la souffrance ne servait à rien, elle serait absurde. Aucune souffrance ne peut être inutile. Elle débouche forcément sur la lumière. Pour moi, prêtre, elle me met sur le chemin de l'Espérance.

Quant à pouvoir assumer l'existence des malheurs et de la souffrance, il faut une réflexion spirituelle profonde, méditée avec acharnement. Il faut bûcher sa spiritualité. Un certain nombre d'éducateurs démoralisés par tant de souffrances et de violences arrêtent ou parfois se retrouvent dans un service psychiatrique. Si je n'étais pas prêtre, sans doute ne supporterais-je pas ce que je vis. Si je ne croyais pas à l'au-delà de la souffrance, il y a longtemps que j'aurais jeté le gant. Croire me permet de vivre ma vocation d'éducateur.

« Si ton Dieu existe, pourquoi ces millions de gens affamés, ces calamités, ces injustices ? » ai-je entendu tout au long de ma vie.

Comment répondre ? Évidemment, si c'était Dieu qui créait la souffrance, ce serait un pourri. Mais il faut partir d'elle pour nous élever… et croire plus que tout que Dieu est Amour.

« Putain, Guy, t'es curé, donne-nous une réponse !

– J'en ai pas ! Tout ce que je peux dire, c'est que j'essaie de vivre à fond la tolérance, le respect, le partage, l'amour, la tendresse, la miséricorde. Alors cette maudite souffrance que je ne supporte pas, je la prends, je la porte et je la sublime. »

Mystère de la foi.

## Témoins des malheurs

Nous sommes témoins du mal et des catastrophes, de très loin, par écrans interposés. Et de très près parfois aussi. Une question lancinante se pose à nous face aux maux du monde : « Pourquoi Dieu n'intervient-Il pas ? » Nous pouvons penser que Dieu est atterré par les événements tragiques qui bouleversent la planète. Le cœur de Dieu saigne comme le nôtre. Je n'ai aucun doute sur ce point.

Nous savons que le Seigneur nous laisse libres de vivre avec ou sans Lui. Dans de nombreuses situations nous L'excluons. On Lui dit : « Dégage de ma vie, Tu n'as rien à faire ici ! » Mais nous avons le culot de nous interroger sur le manque de présence de Dieu face à une injustice ou une catastrophe. Réfléchissons ensemble sur certaines situations d'aujourd'hui, où Dieu est mis à la porte de notre existence.

## Tous au paradis

Nous pouvons nous étonner de constater à quel point il est facile de se débarrasser de Dieu et ensuite de se demander comment notre vie peut devenir un enfer. Il n'y a pas que des choses infernales dans la vie. Il n'y a pas que des choses horribles, mais d'année en année, nous assistons à des événements qui nous plongent dans une horreur encore plus grande. Nous croyons ce qui est écrit dans les journaux et nous doutons de ce qui est écrit dans la Bible. Dieu se trouve rayé de nos vies. On teste sans cesse le magistère de l'Église. Même les catholiques critiquent violemment des propos du pape, des évêques, de l'enseignement. Pourtant tout le monde veut aller au paradis. On pense qu'il y a un paradis, même si nous négligeons de penser, dire, croire, faire ce que dit la Bible.

Notre livre saint nous fournit un code moral, nous apprend le respect, à s'aimer soi-même, à aimer l'autre dans son cœur, dans son corps et dans ce qu'il est.

Comme il nous est facile de juger ! Nous n'acceptons pas de l'être, mais nous nous autorisons sans cesse à le faire. Victor Hugo disait qu'il dort toujours en nous un côté malveillant qui peut surgir à tout moment. Notre côté négatif, c'est les forces du mal…

## Le doute de Mère Teresa

Quelle bombe, lorsque les carnets secrets de Mère Teresa ont été dévoilés à la presse ! Elle y disait que pendant cinquante ans elle avait perdu la foi. Elle avait douté comme une agnostique.

Mère Teresa aimait dans l'obscurité, et la souffrance, qu'elle ressentait au plus intime d'elle-même, la rapprochait de Dieu.

Elle communiait à l'angoisse du Christ dans sa passion. Elle disait : « Si un jour je deviens une sainte, je serai sûrement celle des “ténèbres”, je serai continuellement absente du paradis pour éclairer la lampe de ceux qui sont dans l’obscurité sur la terre. »

Mère Teresa sera la sainte des athées et des agnostiques.

Sœur Sabita, qui lui a succédé comme supérieure des Missionnaires de la Charité pour le nord-ouest de l’Inde, a dit : « Malgré ses questions, elle a fait le choix de continuer. Je pense que les doutes nous aident à grandir. J’aime me souvenir de l’expression si particulière de son visage lorsqu’elle priait. Cette image me donne une grande force. » Pour d’innombrables personnes qui vivent cette aridité, c’est un modèle. Elle est pour moi un modèle que j’implore souvent.

Icône inaccessible, Mère Teresa devient comme nous. Elle nous rend plus sensibles à la relativité des frontières entre la foi, l’agnosticisme et l’athéisme.

Qu’est-ce que la foi ? C’est croire sans voir.

Paradoxalement, elle est encore plus grande, plus convaincante qu’avant. Elle nous console de tous les fous de Dieu qui osent tuer au nom de Dieu.

« Une foi qui ne doute pas est une foi morte », disait Miguel de Unamuno. Le doute de Mère Teresa était l’expression de sa souffrance, émanation de la plus pure foi.

> *Ô ami des hommes,*
> *Pourquoi es-Tu le Dieu qui se cache ?*
> *Pourquoi est-ce dans la nuit que je Te cherche à tâtons ?*
>
> Saint Jean de la Croix

## Nous avons besoin de réel, de tangible

Nous sommes tous des saint Thomas. Souvenez-vous : il voulait toucher le Christ, sinon il ne croyait pas qu'il était ressuscité ! Des gens m'assurent que, quand ils auront vu Dieu, ils croiront en Lui. Alors je dis : « Mon pote, tu n'as jamais vu Napoléon, donc tu ne crois pas non plus qu'il a existé ? »

Pour moi, Thomas et son attitude sont un modèle parfait. Vous connaissez la scène : les disciples sont là, morts de peur. Ils sont enfermés dans le temple, ils ont peur des Juifs. Ils ont préparé les bombes lacrymogènes au cas où la porte céderait, les lance-flammes sont parés, ils ont tout prévu pour se protéger. Et puis le Seigneur leur apparaît. Mais Thomas n'est pas là. Il arrive après et les disciples tout joyeux lui disent qu'ils ont vu le Christ. Thomas répond qu'il croira seulement s'il touche des doigts les plaies du Christ. Et le Seigneur arrive.

Thomas a besoin du réel et du tangible. Il se méfie de tout ce qui n'est pas visible. Aujourd'hui nous sommes comme lui. C'est une attitude humainement respectable.

On veut toucher, on veut voir, on veut vérifier physiquement si ce qu'on prétend est vrai. Le Christ ne dit pas à Thomas : « Heureux ceux qui croient sans avoir vu », mais : « Bienheureux es-tu, toi qui crois sans voir. » Il constate comment la foi chemine dans nos cœurs et il y répond. La réponse de Thomas est fulgurante : « Mon Seigneur et mon Dieu. »

Ces enfoirés de disciples voyaient le Christ faire des miracles à tour de bras, comme multiplier les pains. C'était une véritable boulangerie à lui tout seul. Lors de la tempête, il revient en surfant pieds nus sur le lac. Les disciples s'étonnent et ont peur. Pierre s'avance, puis doute soudain que le Seigneur puisse l'aider, alors il s'enfonce dans l'eau. Le Seigneur le rattrape et le met sur pied. Tous ont vu des signes prodigieux : des macchabées qui se relèvent, des estropiés qui cavalent comme des lapins, des aveugles qui recouvrent la vue… Les apôtres ont vu, et pourtant ils doutent. Alors nous, qui n'avons pas vu ces prodiges, comment ne pas douter ?

## La passion du questionnement

Le christianisme est une question toujours posée plus qu'une affirmation rabâchée. Le christianisme est une voie de mise en marche, une voie d'humanité, une voie de sagesse. La vérité du christianisme vient de son refus d'imposer une vérité.

Nous devons nous interroger, douter, chercher, afin de nous mettre debout. L'essentiel dans le domaine religieux est d'entretenir la passion du questionnement, en gardant l'humilité de la réponse. Le Christ questionne. Dès qu'elle cesse d'être humble, balbutiante, pleine de doute, la réponse religieuse risque de verser dans le fanatisme et les guerres de religion.

Notre prophétisme et notre pédagogie sont souvent bien loin des traces du Christ. Nos batailles de clans chrétiens stériles, l'œcuménisme qui progresse si lentement, nos déchirures qui persistent, les conflits qui demeurent entre prêtres, entre paroisses même, alors que notre signe est l'amour ! Être habité par la soif de donner, de partager, de décider d'être généreux de son temps, de sa tendresse, c'est choisir de se poster résolument du côté de la source de l'Eucharistie, du côté des perdants.

Qui sont-ils ces perdants ?

Ceux qui sont seuls.

Ceux qui souffrent.

Ceux qui désespèrent.

Ceux qui sont malades ou au bord de la mort.

Ceux qui, comme les migrants, sont laissés dans le plus grand cimetière qu'est la Méditerranée.

Ceux qui sont sortis de l'enfer de leur pays et qui sont repoussés de frontières en frontières.

Ceux qui sont sur le pas de ta porte.
Les nécessiteux en amour.

## Le Christ est présent parmi les paumés de la vie

Le Christ est parti il y a deux mille ans, il a vécu trente-trois ans. Pour moi c'est une certitude historique. Certains témoignent que c'était un homme extraordinaire seulement, les croyants affirment que c'est le Fils de Dieu. Après le calvaire et la résurrection, il nous a quittés. Et c'est un temps nouveau depuis deux mille ans, sans lui. Mais pour un chrétien, un catholique, un orthodoxe, il est présent, il est là pour l'humanité entière et on ne cesse de croire en lui.

Comment est-il présent ? Par sa parole. Si nous croyons à cette parole, il est là pour nous, par les sacrements, par la liturgie, par la prière, par la communauté chrétienne. Il est présent parmi les plus petits, les plus humbles. Quand on rencontre quelqu'un de paumé, quelqu'un d'écrasé, quelqu'un qui souffre d'un deuil, d'une maladie ou d'autre chose, il est présent plus que jamais.

# 4
# Force de la prière

Au lieu de nous interroger sans cesse sur le sexe des anges, sur l'aspect de Dieu, Son existence, etc., si nous nous mettions à Lui parler, en toute tranquillité ? Si nous faisions confiance à la prière plutôt qu'à nos pauvres petits raisonnements qui ne nous portent pas très loin ?

On pense que seuls les croyants en Dieu prient. Mais non. Pas du tout. Quelqu'un qui ne croit à rien, qui cherche, qui regarde un magnifique endroit de la nature, un arbre ou un lever de soleil, cette personne athée contemple. Parce que la beauté l'interroge. Et elle se dit : « Quelle merveille ! Qui a fait cette merveille ? »

Celui ou celle qui prie chaque jour, refusant de croire uniquement en ses propres forces, acquiert là, par temps calme comme par mer déchaînée, une force incalculable.

Celui ou celle qui a l'humilité de croire que Dieu seul

est la référence, le point d'appui et sa joie quotidienne, s'inocule une sérénité et une joie pas possibles.

Celui ou celle qui s'arrache de temps à autre à sa tâche de chaque jour pour repenser sa vie, revoir ses certitudes, reprendre ses points forts et surtout ses points faibles, dans le silence de Dieu, par une prière de demande et de pardon, s'injecte une capacité immense de puissance et de pauvreté.

Le chercheur de Dieu Le trouvera au cœur de son combat, parce que Sa drogue est l'Amour et que cette drogue-là rend invincible.

## D'abord, fais silence en toi

Pour prier, fais silence. Plus tu feras silence, plus Dieu entrera en toi. Il n'y a pas de technique spéciale, juste dire : « Seigneur, je passe ce moment avec Toi. Il est pour Toi seul. » Et puis se taire. Parce que la prière est une voix du cœur.

Si tu arrives à prendre un quart d'heure par jour pour Lui déclarer ton amour et réfléchir sur ta vie, tu verras tes ombres et tes lumières. Ne crois pas que ce soit réservé aux vieux et aux curés, c'est donné à tout le monde. Plus tu incuberas le silence – à la montagne, en forêt, dans un parc ou en pleine mer –, plus riche tu seras.

> *Pour apprendre à prier, il faut se mettre à prier.*
>
> Saint Jean Climaque

**Un cœur à cœur avec Lui**

«Aimez Dieu comme vous aimez votre bien-aimé.» Qu'est-ce qui résisterait à l'amour d'un homme pour une femme ou d'une femme pour un homme? Rien ne vaut les yeux d'une mère regardant son bébé. Rien ne vaut le regard d'un enfant pour son père. Ils n'ont pas besoin de se dire beaucoup de mots. Leurs yeux parlent, leurs cœurs parlent. Il est difficile de parler de la prière, mais nous savons comment communiquent deux êtres qui s'aiment. C'est exactement la même chose qui se produit lorsque nous prions Dieu. La prière est simplement un cœur à cœur avec Dieu. Quel que soit le nom qu'on Lui donne.

**Une rencontre est une prière**

Chaque être est un ostensoir. Si nous regardons chaque personne avec le regard de Dieu, nous n'aurons ni péril ni peur à la regarder. En cherchant en chaque être sur cette terre la transparence mystérieuse de Dieu, nous n'avons absolument rien à redouter. Pour cette raison, nous pouvons dire que toute rencontre est une prière. Quel temps accordez-vous à la télévision? Combien pour écouter vos proches ? Combien de minutes consacrez-vous à la prière ? Imaginez que, ce soir, vous décidiez de prier au lieu de regarder une émission de plus…

Toute rencontre avec un être humain est une forme de prière. Tout regard doit faire jaillir la prière en nous. Rien n'est plus simple ni plus profond que cette contemplation. Nous sommes entourés d'humains. Que chacune de vos rencontres soit une prière.

## Même dans les ténèbres

Les épreuves de la prière sont nombreuses. De nombreux croyants m'envoient des lettres et des e-mails pour me dire qu'ils sont dans les ténèbres. Ou bien dans le gris. C'est dans ces moments qu'il faut prier le plus. Certains me disent qu'ils souffrent tant qu'ils n'ont plus envie de prier. Dans ces moments, vous devez dire au Seigneur que vous souffrez et que vous Lui offrez vos vieux os, votre maladie. C'est une prière superbe.

## Dieu ne répond pas ? Impossible !

Quand nous prions à pleins tubes et à plein cœur, nous attendons une réponse à nos prières. Nous avons soif des réponses de Dieu. Elles sont mystérieuses parce qu'Il est caché. Nous ne Le voyons pas. Nous ne pouvons que Le ressentir. Nous ne pouvons L'atteindre que par la prière et Il ne nous répond que par des signes.

Nous pouvons voir Dieu à l'intérieur des êtres. Il ne répond pas ? Impossible ! Il ne résiste pas à une prière faite à plein cœur. Il répond à chacun… J'ai observé qu'Il exauçait nos prières aux moments où nous nous y attendions le moins. Ce sont les surprises de Dieu. J'en ai été le témoin en plusieurs occasions. Et parfois Il nous répond au-delà de ce que nous avions espéré.

Dieu n'est pas un flipper. Il ne fonctionne pas à coups de pièces de deux euros : « Donne-moi trois billes pour jouer ma partie. » L'Évangile nous apporte des indications précieuses sur la puissance de la prière. « Si tu as la foi, disait Jésus, tu peux déplacer cette montagne, tu peux déplacer cet arbre. » Cette image nous indique que nous avons un pouvoir prodigieux, qui dépasse celui des plus grands chefs du monde. Dans l'éternité d'amour, nous verrons et nous comprendrons la puissance d'une prière.

## Des sourires et des signes

Il est dit dans l'Évangile qu'aucune prière faite avec un cœur pur ne sera rejetée par le Seigneur. Toute prière sera comblée. Comment voulez-vous que Dieu résiste à votre prière ? Comment voulez-vous que les parents résistent au regard du gosse qui leur demande de l'aide ? Admirez le regard merveilleux des enfants : la lumière, la beauté, la clarté. Nous devons être des enfants pour Dieu. Il ne résistera pas et alors Il nous répondra.

Mets-toi ceci dans la tronche et dans le cœur : toute prière que tu feras sera exaucée, mais pas forcément comme tu le désires. Nous pouvons demander de mauvaises choses sans nous en rendre compte. Demande chaque matin à Dieu de t'envoyer des sourires et des signes. Tu verras qu'une personne viendra à ta rencontre, que quelque chose se produira. Tous les jours, demande à Dieu un sourire. Dis-Lui : « Envoie-moi un signe de Toi. » Quel que soit ton âge, jeune ou ancien, sache faire silence et prie chaque jour. Va te réfugier dans un coin tranquille. Dieu te fera signe.

Ne l'oublie pas : Dieu te répondra toujours.

*Il vaut mieux mettre son cœur dans la prière sans trouver de paroles que trouver des mots sans y mettre son cœur.*

Gandhi

## N'attends pas d'être un saint pour prier

Si tu penses ne pas être à la hauteur, que Dieu ne t'écoutera pas à cause de tes fautes, surtout ne te décourage pas. Le Seigneur aime tout le monde, du plus saint au plus pécheur.

Voilà ce qu'Il nous dit : « Je connais ta misère, les combats et les tribulations de ton âme : la faiblesse et les infirmités de ton corps ; Je sais ta lâcheté, tes péchés, tes défaillances ; Je te dis quand même : “Donne-Moi ton cœur, aime-Moi tel que tu es." Si tu attends d'être un ange pour te livrer à l'amour, tu ne M'aimeras jamais. Je désire voir, du fond de ta misère, monter l'amour. J'aime en toi jusqu'à ta faiblesse. J'aime l'amour des pauvres.

« Aime. L'amour te fera faire tout le reste sans que tu y penses ; ne cherche qu'à remplir le moment présent de ton amour. Aujourd'hui, Je me tiens à la porte de ton cœur comme un mendiant, Moi, le Seigneur des seigneurs. Je frappe et J'attends, hâte-toi de M'ouvrir. »

> *Si vous ne trouvez pas une prière qui vous convienne, inventez-la.*
>
> Saint Augustin

## Il y a mille façons de prier, la tienne compte autant

Apprendre à prier sera toujours nouveau. Les formes de prière sont innombrables. Dire à Dieu qu'on L'aime est un tel enchantement que, pour garder cet amour neuf, on a besoin de renouveler sans cesse notre façon de prier.

Quand un amoureux aime sa gonzesse, il le lui dit quarante fois par jour : « Je t'aime, je t'aime... » Vingt minutes après, il recommence.

Ils ne disent pas autre chose, sinon décider d'un lieu, d'une date de rendez-vous. Le Seigneur, je Lui dis : « Je

T'aime» et, dans mon agenda, au seuil d'une année nouvelle, je réserve mes rendez-vous avec Celui qui est tout dans ma vie. Dates et lieux. Deux jours tous les dix jours pour une retraite.

> *Il faut toujours prier comme si l'action était inutile et agir comme si la prière était insuffisante.*
>
> Sainte Thérèse de Lisieux

**Bûche ta foi**

La foi c'est comme une langue étrangère. Dès que tu ne la parles plus tu la perds. La prière du cœur des chrétiens, «De profundis», dit: «Seigneur, je crie vers Toi de toutes mes entrailles.»

Évagre le Pontique, un Père de l'Église du IVe siècle, disait: «Ta prière est fille de douceur, fruit de joie et de gratitude.» Il ajoutait: «Si tu veux prier, tu as besoin de Dieu qui donne la prière à celui qui prie.» La prière et la théologie sont inséparables. La théologie est la science de Dieu. Bûche ta foi. Elle n'appartient pas aux grands émirs du pétrole de l'Église catholique et romaine. La théologie est la lumière: elle est à toi. Le plus petit des chrétiens peut se l'approprier.

> *Une simple pensée de gratitude dirigée vers le ciel est la plus parfaite des prières.*
>
> Gotthold Ephraim Lessing

## Une phrase par jour

Le matin, quand je me lève, je prends mon café et une cigarette, puis j'attaque tout de suite le *Magnificat* ou le *Prions en église*, petits livres contenant chaque texte de l'année. Je lis l'Évangile et je retiens une phrase. Par exemple : « Aujourd'hui le Seigneur est ma lumière et mon salut. » Je la recopie sur un Post-it que je colle sur mon paquet de tabac. Vous pouvez faire la même chose en utilisant un objet familier que vous touchez plusieurs fois par jour. Votre portefeuille, par exemple. Vous inscrivez un psaume ou quelques mots qui vous tiendront en éveil toute la journée. C'est extraordinaire. Une phrase minuscule ou une résolution m'aident à maintenir ma prière sans cesse, à avoir des moments d'intimité avec Dieu.

## La pureté de la prière des loubards

Ces loubards qui ont fait tant de conneries ont aussi une très grande pureté pour prier. Plusieurs fois le signe de Dieu est arrivé à la suite de leurs prières silencieuses. Ce sont des innocents, d'une certaine manière, même s'ils ont fait des tas de saloperies. Je pense qu'il y a une lumière de Dieu en ces jeunes tellement cassés. Comme je vis avec eux, je happe cette lumière. Je sais aussi que c'est à travers les vases fêlés qu'elle passe le mieux.

Un jour, je disais la messe à Faucon et un jeune fait cette demande de prière quand je propose à chacun de donner une intention : « Prions pour Vagabond, le chien de Guy qui est paralysé. » La messe achevée, le jeune Karim sort de la pièce et m'appelle : « Viens voir, Guy, Vagabond remue. » Je fonce et je vois, étonné, Vagabond tenter de se lever.

Il avait été renversé par le gros patou de quatre-vingts kilos et était paralysé. Le vétérinaire m'avait conseillé de le faire piquer car il pensait que ce serait à vie. J'avais dit aux jeunes avant la messe que je le ferais faire le lendemain.

On se précipite donc vers Vagabond et on le voit essayer de se hisser sur ses pattes qu'il ne bougeait plus depuis un mois.

Je décide bien sûr de le garder en vie. En trois semaines, jour après jour, il reprend son allure vagabonde d'avant.

Ce fait authentique a donné aux jeunes une réponse positive à la prière d'un des leurs. C'est rien et c'est tout à la fois. C'est la prière d'un pauvre. Dieu a besoin de nous donner, parfois, des signes d'humour, autant que d'amour.

Quand on connaît la souffrance des gens, on les réchauffe de notre amour sans même s'en apercevoir. La force de notre prière, c'est de prier pour eux. Je ne leur dis jamais que Dieu est Amour parce qu'ils risquent d'insulter Celui auquel je crois. Ils n'ont plus confiance en l'amour et encore moins en Dieu. Mais je leur donne l'amour que le Seigneur me donne et celui que j'ai reçu de mes parents.

C'est notre puissance d'amour qui nous permettra de prier. C'est notre prière qui nous permettra d'aimer.

## Prier ou agir ?

Quand j'ai commencé mon ministère auprès des jeunes marginalisés, j'ai cru que la prière ne valait pas un contact urgent ou un sauvetage. Et puis des moments de vide m'ont appris une chose essentielle : plus je voulais en faire… moins j'en faisais !

Je crois maintenant beaucoup plus à la force de la prière qu'à mon action, même si celle-ci est importante. Par la prière, l'action prend une dimension plus humble, mais sacrément plus efficace.

Tu ne t'acharnes plus à calculer la portée de ton geste, mais la profondeur de ton union à Dieu. S'il n'y a pas dans la vie de tout chrétien des moments où l'urgence est de « L'aviser pour qu'Il m'avise », comme le disait un paysan du curé d'Ars, tout risque d'être de l'activisme et du baratin.

Prendre du temps pour Dieu, c'est gagner des heures inestimables pour les autres.

Prier n'est pas facile.

Certains jours, c'est un régal, d'autres jours, c'est l'obligation qui prime. Si la prière allait de soi, le monde entier prierait ! Et la Terre serait un paradis terrestre. « La prière est un combat », saint Paul le martèle.

Quel cœur faut-il avoir pour prier ?

C'est un cœur pauvre qu'il faut avoir pour prier. Plus on se suffit à soi-même, plus la prière est détestable, sans objet, sans but. Plus on se fait petit, plus on a conscience de sa pauvreté, plus la prière jaillit.

## 5
# Avons-nous besoin des miracles pour croire ?

Des millions de malades sont allés à Lourdes. Parmi ceux qui ont été guéris, beaucoup disent qu'ils ne voulaient pas obtenir la guérison de leur corps souffrant. Ils se sont présentés comme ça, à Lourdes, à Fatima ou ailleurs, avec une foi nue. C'est quelque chose de très beau et de très puissant. Des malades ont été estomaqués d'être guéris instantanément. Le saint sacrement passe devant les malades. Soudainement le paralytique se lève.

Le corps est fondamental. Corps blessé, corps handicapé, corps malade, corps paralysé : Dieu peut intervenir. Nous croyons qu'Il nous a faits. Nous pouvons croire qu'Il intervient. Le doigt de Dieu intervient.

Il faut se méfier du miracle physique. Il y a eu soixante-six miraculés authentifiés à Lourdes sur les milliers de personnes disant avoir été guéries dans ce lieu saint. Jean-Pierre, en 1999, a vécu une guérison subite, complète et durable. Il disait : « Savoir que l'on est libre et aimé d'un amour infini, c'est ça mon véritable cadeau. Ma route est devenue un chemin de lumière sur lequel je marche dans la certitude que le Seigneur est à mes côtés. »

Le bureau médical de Lourdes a été fondé en 1883. Plus de sept mille personnes se sont déclarées physiquement miraculées. Deux mille guérisons ont été reconnues comme inexpliquées. Soixante-six authentifiées : l'Église est prudente !

Il arrive que des personnes qui étaient allées à Lourdes n'aient pas été instantanément guéries. Mais il y avait une démarche, donc une dimension spirituelle. Il est arrivé aussi que des personnes non croyantes aient été guéries. C'est un premier mystère. Le second est que nous disposons d'énergies extraordinaires. Si nous pouvions connaître la puissance que possède l'être humain, ce serait fabuleux. Quand elle s'ajoute à la foi, c'est prodigieux.

## Des guérisons données

J'ai assisté un jour à une messe du père Tardif – célèbre guérisseur charismatique – à Lyon. J'étais derrière lui. À un certain moment de la messe, il a écarté ses mains légèrement tremblantes. Il a dit : « Je sens qu'un sourd va entendre. Un aveugle va voir. » Intérieurement, je me demandais s'il était vraiment sérieux. Et il annonce à l'assistance : « Que ceux qui se sentent guéris viennent à la sacristie pour nous le dire. » Arrive une personne qui entendait de nouveau, arrive une autre qui revoyait nettement… Il existe ce genre de personnes, comme les pères Tardif et Alter, morts tous deux en 1999, à qui le Seigneur donne ces capacités exceptionnelles.

Il n'y a aucune méthode de guérisseur. Il y a simplement la guérison donnée. Le père Tardif insistait sur la nécessité de prier d'abord. Toute l'assemblée chante, prie et demande la guérison. Et l'un d'entre eux, celui qui a le don, impose les mains. Alors des personnes guérissent. C'est le charisme de la guérison. Tous le disent : « Le seul médicament, c'est l'Amour de Dieu. »

## Quelles conditions faut-il réunir ?

Il y a quatre conditions pour obtenir des guérisons : la prière d'abord ; une attitude d'abandon et de confiance dans le Christ ; la présence de croyants formant un corps vivant pour le Christ ; et Dieu agit par l'intermédiaire d'une personne qui a le charisme. Comme les disciples du Christ.

Le porteur du charisme de guérison n'est pas meilleur que les autres, c'est juste le passeur de Dieu, grâce à la prière collective. On ne pratique pas en catimini dans un coin tranquille. Cela doit avoir lieu devant une assemblée, condition *sine qua non*.

Le père Tardif disait : « Je prie et Jésus guérit. »

Pourquoi l'un est-il guéri et pas l'autre ? C'est une question importante. Il faut accepter que certains soient guéris et d'autres non. On demandait au père Tardif : « Pourquoi parmi ceux à qui tu as apposé les mains, certains guérissent et d'autres restent malades ? » Il rétorquait qu'il n'avait pas de réponse. « Là-haut, ajoutait-il, je poserai la question et j'aurai la réponse. »

Si les gens sont prêts à vivre cette apparente injustice, nous pouvons aller plus loin. Il faut une foi solide. On a constaté à Lourdes ou ailleurs que des plaies guérissent et se cicatrisent instantanément. La peau brûlée se régénère. Des os dévorés par le cancer se ressoudent. La fièvre tombe. Les germes d'infection sont éliminés. Il est bien difficile de savoir d'où vient la guérison. Un détail intéressant : les guéris ont aussitôt une fringale incroyable. Cela rejoint l'Évangile. Le Seigneur, après avoir guéri quelqu'un, prononce : « Donnez-lui à manger. » Les forces de vie s'éveillent tout à coup et grillent toute l'énergie.

## Il faut croire pour guérir et guérir pour croire

La foi suppose une adhésion de tous au même Christ. Un théologien, le père Hugueux, disait : « Il faut croire pour guérir et guérir pour croire. » C'est un joli paradoxe. Il ajoutait : « Les deux ont une force d'entraînement mutuelle. »

La phrase du Christ est : « Va, ta foi t'a guéri. »

L'Église n'a pas le monopole des miracles. Des personnes non chrétiennes guérissent aussi de façon étonnante. La foi n'est pas non plus une médecine. Cependant, tous les médecins vous diront que le meilleur auxiliaire aux traitements est la foi du patient en sa volonté de guérir. Il se produit des choses étonnantes. Certains malades bien préparés acceptent sereinement leur mort. Mais il arrive aussi que les « condamnés » survivent à l'échéance et même guérissent de maladies considérées comme incurables. Des années après, ils continuent à vivre.

## Les douze guérisseurs

Jésus aimait infiniment ses apôtres, ces douze pauvres cons qui ne comprenaient rien. Ils n'avaient ni doctorat en droit canon, ni licence de théologie. Ils voyaient Jésus exécuter des miracles, alors ils voulaient faire pareil, pour la gloire, pour l'esbroufe. Ils croyaient que c'était magique, comme de la sorcellerie, ils n'y comprenaient que dalle. Ils étaient complètement bouchés ! Jésus leur disait sans cesse que cela venait de l'intérieur, par la puissance de l'amour. « Si vous aimez Dieu, Il pourra guérir par vos mains. Et vous pourrez dispenser des guérisons en imposant les mains. » Les douze disciples sont devenus saints parce qu'ils ont découvert de l'intérieur la puissance de l'amour du Christ. Comment résister au regard laser de Jésus ?

## Les miracles sont les bienfaits de Dieu

Tant de personnes se posent des questions sur les miracles. Beaucoup sont à la recherche de solutions magiques. Vous recevez des publicités dans votre boîte aux lettres : « Voyant, médium, remède miraculeux, j'ai la solution. Tu ne bandes plus, ta femme te trompe, ça ne marche pas dans ton travail, viens me voir… » Ne vous inquiétez pas pour ce genre de charlatans. Ils se font des couilles en or, ces escrocs, parce qu'ils vous font payer très cher la consultation. Les mages règnent partout. Des affichettes sont collées sur tous les murs. C'est un phénomène très étonnant. Beaucoup d'individus savent tirer profit de notre recherche de bonheur.

Pour nous, Jésus vivant et son amour sont des miracles dans nos vies. Les catholiques ne sont pas les détenteurs exclusifs des miracles. On constate parfois des miracles chez des bouddhistes ou chez des musulmans.

Si nous regardons bien dans notre vie quotidienne, nous verrons que les miracles sont multipliés. Pour moi, ce sont les sourires de Dieu. C'est mon expression favorite pour désigner les petits miracles quotidiens.

## Les miracles : pourquoi, pour qui ?

Don Bosco était venu un jour voir un groupe de jeunes. Il avait faim, les jeunes aussi avaient les crocs. Un des jeunes lance : « Hé, curé, on n'a plus de pain ! » Don Bosco demande : « Donnez-moi les pains que vous avez. » On en trouve six. Il dit : « Avancez-vous » et il a donné un pain à chacun des deux cent soixante jeunes qui étaient là. Quand tous ont été servis, il restait encore dans la corbeille les six premiers pains.

Nous avons vu des yogis très entraînés capables de léviter. Nous possédons des photos de ces phénomènes. D'autres personnes ont fait des miracles. Des musulmans, des juifs semblent en avoir fait. Dieu seul en est juge.

Comme vous le savez, les démons détestent les âmes, alors ils s'occupent des corps. Il a été dit dans l'Évangile de prendre garde à ceux qui peuvent guérir. Au nom de qui guérissent-ils ? Ils peuvent soigner apparemment une maladie ou un handicap, mais dans quel but le font-ils ? La paix rayonne sur le visage d'un miraculé, nous y voyons un signe de Dieu. Quant à ceux qui ne guérissent que le corps, et sèment la discorde dans les cœurs, ce sont les faux prophètes condamnés par l'Évangile.

## Savons-nous voir les miracles dans nos vies ?

Dieu peut nous guérir mais, avant de chercher la guérison, nous avons à faire la volonté de Dieu. Le miracle par excellence, pour un chrétien, est celui de l'amour. Un chrétien est quelqu'un qui aime. Il aime absolument, à tout casser et de manière pratique, concrète. Au sens étymologique, le mot miracle signifie « qui provoque l'émerveillement ». C'est quelque chose qui nous dépasse. Le miracle révèle la présence d'un autre : Dieu. Le seul mystère susceptible de provoquer l'émerveillement avec cette puissance est l'amour. On peut dire que l'amour est un mystère et que le miracle authentique en est la manifestation.

Dieu a tellement soif de notre amour qu'Il doit se faire remarquer en nous adressant des signes, en réalisant des miracles. Un des miracles de Dieu est la croix. Pour un chrétien, la croix qui sauve, la prédication de la croix, prêcher le messie crucifié provoquent l'Esprit-Saint. Les prêtres ne le savent pas assez. Ils doivent dire le Christ crucifié et le prêcher. L'Esprit-Saint tombera à flots pour ces prêtres-là. Le curé d'Ars disait que la croix était « le livre grand ouvert de Dieu ».

# 6
# Comment parler de sa foi ?

« Interdiction » aux usagers du service public de porter des signes religieux ou de manifester une quelconque préférence religieuse ! Je suis sûr que bientôt les bonnes sœurs, les curés en soutane, on va les arrêter ! On arrive à ça. C'est très périlleux ! La France a de plus en plus horreur des signes religieux affichés publiquement.

Pourquoi ne pas promouvoir l'enseignement systématique du fait religieux à l'école quand nous perdons le sens des transmissions culturelles ? Pourquoi laisser l'inculture religieuse s'installer ?

On s'aperçoit que, dans notre État laïc, la religion catholique est systématiquement dénigrée. Il y a une montée forte des « religiophobes ». C'est pour cela que le pape a raison de dire qu'il faut dialoguer avec les athées.

Nous sommes traversés par les courants de l'indifférence religieuse et l'attitude politique et critique de l'athéisme populaire. Nous nous posons de graves questions : « Qu'est-ce que le mal ? Qu'est-ce que la souffrance ? » Le croyant y répondra de façon totalement différente.

Le plus important, c'est la transmission. Transmettre est associé à authenticité et respect. J'aime bien la phrase de Maurice Zundel : « Ne parle que si l'on t'interroge, mais vis de manière qu'on t'interroge. »

C'est là où le chrétien est lumière.

Le père Jaouen (quatre-vingt-douze ans), qui vient de mourir, disait : « Je ne parle à mes jeunes jamais de Dieu, mais de l'amour que j'ai pour eux. »

## Relier en aimant

La religion n'est pas un magma de personnes qui appartiennent à un livre. L'abbé Pierre disait que la religion est d'abord ce qui lie, ce qui relie les gens, quelle que soit leur croyance. À l'origine, ce mot veut dire « qui relie en aimant ».

C'est le principe même de la religion. Dans le peu de temps que nous avons à vivre, nous devons nous relier en nous aimant.

L'abbé Pierre était relié à d'innombrables personnes. Il était de religion catholique, mais il se situait au-dessus.

Au moment de ses obsèques, parmi la foule des pauvres venus se recueillir dans la cathédrale, il y avait des musulmans, des catholiques, des bouddhistes, des juifs et des athées… J'ai rarement vu un rassemblement aussi diversifié. L'abbé se fichait complètement de ta religion, il la respectait, bien sûr, mais ce n'est pas ça qui l'intéressait pour entrer en lien avec toi. Seul comptait l'amour donné avec ton cœur d'homme.

L'humanité ne se partage pas entre ceux qui croient et ceux qui ne croient pas. L'abbé Pierre disait que l'humanité se partage entre ceux qui, face à la souffrance des autres, se détournent et ceux qui luttent avec ceux qui souffrent, pour se libérer de la souffrance. Ceux qui se défoncent au service de ceux qui sont dans la merde : voilà les croyants ! À côté, il y a ceux qui s'en foutent, qui ne pensent qu'à leur gueule : voilà les non-croyants.

## Nous sommes tous appelés à la sainteté

« Soyez parfaits comme votre Père céleste est parfait. » Jésus n'a pas dit cela qu'à saint Pierre et à ses douze trublions. Il l'a dit au monde entier. La sainteté existe pour les athées, autant que pour les êtres de toutes religions ! Les livres saints, comme le Coran ou la Torah, appellent à découvrir la plénitude en Dieu.

Jésus parlait aux foules qui l'entouraient. Les gens étaient « frappés de son enseignement », selon Matthieu.

« Stupéfaits par sa doctrine », selon Marc. Ce qui est chouette, dans l'Évangile, c'est que les gens simples disaient que jamais on n'avait entendu un homme parler comme Jésus. Il attirait même les non-croyants parce que sa parole était universelle.

## L'émerveillement de l'athée

Le Christ s'émerveillait. J'ai pour habitude de dire aux athées : « Tu ne crois pas en Dieu, mais tu t'émerveilles devant un coucher de soleil, tu regardes la voûte étoilée, c'est le premier pas vers l'adoration. »

L'athée s'émerveillant devant un coucher de soleil ou un paysage splendide se révèle un immense croyant, mais aborde quelque chose qu'il ne peut pas nommer. J'estime que la prière d'un athée, cette contemplation devant la nature, est aussi forte que la prière d'un chrétien.

Le croyant montera directement vers Dieu alors que l'athée reste simplement fasciné par le spectacle. Sa prière est aussi authentique que la mienne. La nature nous amène à une indicible transcendance.

## Vivre sa foi par les actes : la véritable preuve

La vie évangélique n'est ni aisée ni pacifique. La vraie Église militante est confrontée à des situations difficiles, parfois violentes. Militer contre l'athéisme ? Non. Mille fois non. Vatican II a fait prendre un tournant capital à l'évangélisation en refusant le prosélytisme et en pratiquant une ouverture inédite sur les autres religions. Cette phrase du concile est essentielle : « Évangéliser, c'est mettre les personnes debout et libres. » Quant à certaines sectes chrétiennes qui se multiplient, leur prosélytisme outrancier est écœurant, et surtout la richesse qui leur colle aux fesses.

Vivre sa foi par des actes reste la preuve, la lumière ; être quelqu'un qui pardonne, qui partage et qui aime… Peu de gens résistent à l'amour. Dans un monde incroyant, la bonne nouvelle doit percer et apporter l'air pur à tous ceux qui cherchent.

### Avons-nous honte ?

Avons-nous peur de dire l'Amour de Dieu ? Comment peut-on nous aimer, nous les catholiques, si nous ne pouvons pas parler de notre foi ? Comment pouvons-nous transmettre notre foi ? De quelle manière parlons-nous de Dieu ? Osons-nous nous interroger les uns les autres ? Avons-nous honte d'être chrétiens ? Savons-nous dire à d'autres que nous aimons Dieu ?

Mon sacerdoce est voué aux jeunes dont personne ne veut, aux loubards. La plupart sont athées ou musulmans. Pourtant j'ai été éduqué pendant quinze ans de séminaire pour parler essentiellement à des chrétiens.

Avant, le bénédicité (la prière précédant le repas) était un rite partagé et courant. Puis par respect, par peur de gêner les autres, j'avais aussi arrêté. En contact avec des jeunes musulmans, je remarque que jamais ils ne commencent leur repas sans la formule rituelle : « *Bismillah* : au nom de Dieu. » Des musulmans m'ont fait remarquer : « Quand vous êtes entre chrétiens, vous ne faites pas de prière en vous mettant à table. » Et je me rappelais qu'au séminaire on m'avait appris à dire le bénédicité. C'est ce que je fais maintenant et je demande aux musulmans qui peuvent se trouver à côté de moi : « Veux-tu faire la prière au nom de Dieu comme je vais la faire moi aussi ? » Dans les restaurants, en public, discrètement je me lève et je bénis la table par une formule très simple. Les gens regardent et se taisent. Certains approuvent. Personne n'est choqué.

À la fin d'une réunion de travail, un équipier me suggérait de faire une prière simple avant de nous quitter. J'ai trouvé son idée excellente. Je note aussi un phénomène intéressant. Dans les gares, les aéroports, de plus en plus de gens viennent vers moi pour me demander de prier pour eux. J'accepte et leur demande leur prénom. Je l'inscris dans la paume de ma main et à la messe suivante, je prie à l'intention de la personne. Nous sommes de plus en plus sollicités, ce qui veut dire qu'il y a moins de honte à être chrétien et à parler de la prière.

## Casser notre timidité

Une préoccupation prioritaire du chrétien doit être sa communauté. C'est indispensable. Nous devons casser cette timidité, cette réserve, cette peur de parler de notre foi. Si nous en parlons d'abord entre nous, chrétiens, alors nous saurons aller vers l'autre, qu'il soit bouddhiste, musulman, juif, protestant, orthodoxe ou athée. J'ai été très enrichi lorsque j'étais en Algérie pendant treize ans et enthousiasmé par la foi des musulmans. Leur foi ouverte, ils la disaient. La communauté chrétienne avait le cul serré et parlait peu de Dieu. Quand je suis venu à Paris, dans ce monde déjà très athée, hostile même à la religion, ce fut un choc culturel très important pour moi. Les musulmans ont enrichi ma foi en parlant ouvertement de la leur. Nous devons parler de notre foi et surtout la vivre.

J'ai parfois constaté chez des prêtres une sorte de pudeur à parler de leur foi avec d'autres prêtres, ils n'y parviennent pas, ils peuvent être bloqués. Je ne parle pas des chorales, du catéchisme et de la pastorale d'ensemble : je parle de notre foi. Demandez : « Comment pries-tu, est-ce que tu prends une journée de retraite de temps en temps ? » Vous pouvez retrouver sur le palier de votre immeuble une personne qui va à la messe comme vous et ne jamais parler de votre foi. Alors que c'est précisément cela qui nous unit et nous permettrait d'avoir des liens très forts.

Comment peut-on être côte à côte dans un temple chrétien et ne plus se parler après ? Dieu doit bien rigoler en se disant : « Bonjour, l'angoisse, ils sont tous fixés sur Moi et ils sont incapables de parler de Moi entre eux ! »

Quand parlez-vous de votre foi en famille, avec votre femme, vos enfants et grands-parents ? Priez-vous ensemble le soir avec vos petits ? Quelle lumière, quelle grâce entrent alors dans votre maison ! Chacun évangélisera à sa mesure et avec ses talents.

## Savoir me taire

Quant à moi, je fais une retraite dans un monastère deux jours tous les dix jours. J'ai constaté que ma capacité de travail était accrue après les heures de silence que je m'impose. Le silence dégage les huiles essentielles de ma vie. La prière me donne la force de les vivre.

Formé pendant quinze ans au séminaire à parler de Dieu exclusivement, je me dois d'évangéliser en « fermant ma gueule ». Comment en effet dire Dieu à des jeunes loubards qui ne croient ni en l'amour ni en Dieu ? Dès le début de mon combat avec des jeunes délinquants, formé à annoncer Dieu et Son amour, j'ai voulu le faire, comme un con, aux jeunes dont j'avais la charge. L'un d'entre eux à qui je parlais de l'Amour de Dieu me décocha dans les gencives : « Arrête ton char, Guy, je ne crois ni en Dieu ni en l'amour. » Et il ajouta ceci : « Tu prétends que Dieu a tout créé. Il a donc créé mes parents. Il a créé ces fumiers, ces ordures qui m'ont enfermé dans un placard pendant trois ans. Je devais pisser et chier sur moi et manger un peu de riz mouillé de temps en temps. Ma grand-mère heureusement a découvert cet emprisonnement terrible. Quand on m'a sorti de ma cache, j'avais le genou droit bloqué à vie. Alors, Guy, ton Dieu d'Amour, celui que tu prétends avoir créé mes parents, tu peux te Le mettre où je pense. »

Ce fait dit tout. Seuls des actes d'amour gratuits, un combat acharné à leurs côtés leur dira Dieu, au-delà de ce que je peux croire. C'est mon type d'évangélisation.

À chacun de dire Dieu. Ne le balancez jamais à la gueule de l'autre. Je hais le prosélytisme. Aux JMJ à Rome, devant deux millions de jeunes, Jean-Paul II a prononcé cette phrase admirable : « L'important n'est pas de faire nombre, mais de faire signe. » À chacun selon ses dons d'être signe de Dieu.

CONCLUSION
# Le Christ, lumière de ma foi

Depuis deux mille ans, Jésus ne cesse de nous galvaniser.

On n'a jamais revu un mec comme ça ! Lui, le fils d'un modeste charpentier de Nazareth, devenu un orateur qui fascinait les foules ; un faiseur de miracles qui guérissait les malades et ressuscitait les morts ; un penseur original n'appartenant à aucun parti, aucun groupe ; une personne qui se proclamait fils de Dieu et qui a offert aux hommes les plus beaux discours d'amour et de fraternité de leur histoire ; le Messie, qui a accepté de mourir dans les pires souffrances pour sauver l'humanité avant de ressusciter lui-même au bout de trois jours...

Cette vie qui a bouleversé l'histoire nous est racontée dans quatre textes, assez courts : les évangiles. Les historiens, théologiens, savants de tout poil se disputent depuis des siècles à leur sujet : qu'est-ce qui est vrai ? Peut-on considérer ces récits comme fiables historiquement ou comme des légendes ?

Pour nous, les croyants, ces textes contiennent toute notre foi, ils ont été inspirés par l'Esprit-Saint. Jésus non seulement a réellement existé, mais il a parlé et vécu comme il est écrit dans les évangiles. Il a été un être de chair et de sang, un véritable homme, tout en étant fils de Dieu. Et aujourd'hui son Esprit est avec nous, il est là, il ne nous a jamais abandonnés.

Pour ma part, depuis que je l'ai rencontré, depuis que j'ai décidé de lui consacrer ma vie en devenant prêtre de son Église, Jésus ne m'a pas abandonné, il a toujours été à mes côtés, dans les moments faciles comme dans les épreuves d'une difficulté inouïe auxquelles j'ai dû faire face. Sans cette présence de tous les instants, je n'aurais jamais tenu dans mon sacerdoce d'un demi-siècle, où les violences, les morts, les vies naufragées ont été mon quotidien.

## Entrer dans son humanité

La clef de la vie avec Jésus est en lui : pour la comprendre, il nous faut entrer dans son humanité, la partager. Chrétiens, nous biffons souvent l'humanité du Christ. Sa divinité ? OK, on y croit. Mais son humanité nous dépasse. Elle est proclamée pourtant à chaque lecture des évangiles.

Le jour où l'on saisit qu'il a été un humain, un vrai, alors quelque chose change en nous définitivement. Si tu le crois, tu peux le rencontrer plus intimement que tous les êtres que tu côtoies.

Si tu en es convaincu, alors « il est là », comme le meilleur des amis, il est plus grand et plus aimant que tous les amants du monde. Le meilleur de nos amis, dont on ne peut se passer.

## Le silence du Christ

Le Christ se taisait pour mieux écouter les autres, c'est comme ça qu'il a appris à les connaître. Son extraordinaire discernement et ses jugements d'une justesse imparable venaient de cette écoute-là.

Il écoutait également les petits comme les grands, sans exclusive. Il écoutait les cœurs meurtris en priorité.

Combien le monde a aujourd'hui besoin d'êtres attentifs aux autres ! On ne s'écoute pas, on ne le fera jamais assez.

Trouver sur sa route un homme ou une femme qui écoute vraiment, les yeux dans les yeux, qui sait se taire pour pleinement être à l'autre, est un enchantement. C'est si rare ! Mais quand cela arrive, alors c'est un cadeau du ciel.

Apprendre à écouter notre frère, c'est donc faire pour lui ce que le Christ a fait pour nous. Si nous ne pouvons écouter notre frère nous ne pouvons écouter Dieu lui-même.

Je ne me couche jamais sans avoir demandé pardon pour mon manque d'écoute. Parce que je sais que c'est la vertu principale à bûcher. Et tous les jours.

## Jésus est un regard

Ah ! ce regard du Christ… Avait-il les yeux bleus, verts, noirs, ou gris ? Au fond, la couleur de ses yeux, je m'en tape comme de celles que je vois tous les jours dans les visages rencontrés. Ce qui m'impressionne, c'est la luminosité, la profondeur, la qualité intérieure dégagées par l'œil humain que je croise. Ou alors le vide intense qui fait que les plus beaux yeux du monde ne sont parfois que glaçons, admirables certes, mais morts, sans vie car tournés vers eux-mêmes.

Je fonds toujours quand l'Évangile indique : « Il le (ou la) regardait. »

Le regard de Jésus était un regard d'amour. Personne ne résiste à une telle magie. Dans la foule d'aujourd'hui, il y a ces regards-là : ils sont rares. Mais quand on est saisi par la rencontre d'un regard qui aime, alors on ne l'oublie jamais. C'est un rayon laser qui perce, réchauffe et rend toujours meilleur. Le

Christ se révélait ainsi tout de suite, dans l'immédiat de la rencontre. Son âme ouverte, limpide et pure, fascinait. Parce qu'il gardait tous ses sens ouverts sur la vie, les personnes et les choses.

Son merveilleux regard allait indifféremment du riche au pauvre, du policier au loubard, du chef d'État à la servante.

Il savait la qualité de la personne d'en face. Il en savait la noblesse ou l'origine pauvre. Mais il devait s'adresser indistinctement à toute personne, dans ce qu'elle avait de plus profond et de meilleur.

## Un écolo à fond la caisse

Le Christ a un regard concret aussi sur les bestioles, la nature. Il dit les choses les plus extraordinaires et les plus belles en racontant des histoires simples, touchantes. De la fleur à la coccinelle, le Christ admire, décrit et renvoie ainsi toute personne à la contemplation de la beauté de la création. Au fond, c'est la plus belle prière.

Il révèle ainsi des mystères très hauts à travers des paroles si humaines, si proches qu'elles fascinent les foules.

On reproche à l'Église d'être loin de la nature et de parler rarement des animaux. Et on a raison. À elle de relire l'Évangile. À nous de relire l'encyclique du pape François sur l'écologie. Elle a été lue comme jamais.

Parce qu'elle est éclairante, militante, et terrifiante par sa vérité.

## Jésus, superamoureux des pauvres

Mais sa merveille, c'est d'avoir voulu faire l'Église avec des pauvres, surtout pas avec des supermen.

Pierre et les apôtres en ont été la preuve vivante. Qui Jésus a-t-il choisi pour l'entourer ? Pas des princes, ni des hommes politiques, milliardaires, intellectuels, non, rien de tout ça. Il est allé choisir de pauvres pécheurs, sans argent ni instruction, les mecs les plus simples, avec plein de défauts, vraiment pas des saints. Le Christ a voulu par là construire son Église sur des gens ordinaires, pour montrer qu'elle appartient à tous, sans exclusive.

Deux mille ans après, nous sommes encore, ou nous devrions être encore en tout cas, les représentants d'une Église de pauvres. Les déclarations du pape François vont dans cette direction, le choix de son prénom en référence au pauvre d'Assise est très lourd de sens : notre Église, celle qui nous vient tout droit de Jésus, n'a de sens que si elle garde à l'esprit sa phrase : « Ce que vous avez fait au plus petit d'entre vous, c'est à moi que vous l'avez fait. » En bien comme en mal.

Sachons aussi nous reconnaître comme faibles et pauvres à notre façon. Ayons cette humilité-là, c'est elle qui paradoxalement nous rendra forts.

## Aussi tendre qu'exigeant

Jésus est à travers l'Évangile d'une grande exigence et d'une infinie tendresse.

Quel éducateur extraordinaire a-t-il été durant trois ans…

Il appelait chacun à s'élever au-delà de lui-même. Du plus riche au plus pauvre.

L'exemple du jeune homme riche qui vient à lui, fasciné par son enseignement, est sans doute le plus signifiant. « Que dois-je faire pour te suivre ? » lui demande ce jeune P-DG sans doute superfriqué, superdiplômé…

« Donne tout ! » C'est un coup de massue sur la tête de cet homme qui, l'espace de quelques secondes, répertorie ses biens, ses activités, son train de vie et ses relations puissantes. Trop dure, cette invitation à la pauvreté et au don total ! Alors, tout triste, il se casse, précise l'Évangile. Jésus le laisse libre de partir.

« Et il l'aima », ajoute l'Évangile.

Gageons que le regard d'amour du Christ a vaincu plus tard, après la Résurrection, les résistances du jeune homme, qui a rejoint ainsi les disciples au paradis.

Si l'Évangile est un cadeau du ciel, par contre il ne fait pas de cadeaux.

« Aime ton ennemi » sont les trois mots définitifs de l'Évangile au sujet du pardon.

On a beau se tortiller dans tous les sens pour se défaire de cette phrase qui nous provoque tant de fois dans nos vies, elle reste implacable. On doit passer par elle et l'appliquer. Ou bien se dire qu'on manque à un aspect essentiel de la loi d'Amour.

Ordre souverain du Christ qui conduit au pardon inlassable.

Et la deuxième phrase arrive, aussi exigeante et imparable : « Pardonne soixante-dix-sept fois sept fois. » C'est-à-dire à l'infini.

Cette phrase fait grincer les dents chrétiennes et on essaie, par tous les moyens, de la contourner en la discutant.

« Pardonner, OK ! Mais ne pas oublier. »

« OK ! Mais si la personne refuse le pardon », etc.

Le Christ n'a pas nuancé cette obligation évangélique. Restrictive, elle aurait envoyé aux oubliettes tout pardon. Nous sommes bel et bien condamnés au pardon total et définitif.

Alors, accroche-toi !

À nous de marcher avec le Christ, la main dans la main. Faisons comme lui, il est notre formidable « passeur ».

## Une présence qui nous soulève et nous transforme

Méditons la vie humaine et publique du Christ, notamment ses trois ans d'intense activité sur ses trente-trois ans de présence sur terre. Que cette présence, décrite avec ma plume si fragile parce que humaine, deux mille ans après, nous soulève et nous transforme. En nous permettant de ne plus jamais quitter celui que le Père nous a envoyé.

Sans vouloir parler à la place du Père, je crois cependant qu'Il t'aurait dit à peu près ceci :

« Marche avec Mon fils bien-aimé. Il est ton modèle.

« Mets tes pas dans ses pas.

« Parle avec lui sans cesse et tais-toi ensuite pour l'écouter. Oui, vraiment, ferme-la sinon tu n'auras pas de réponse.

« Lis sa vie avec tes tripes et ton cœur.

« Et médite-la sans fin.

« Une grâce spéciale t'est donnée dès que tu lis l'Évangile, à condition que tu sois dans le calme et que tu fasses silence intérieurement.

« La parole lue aura alors en toi une résonance immense. Tu ne pourras plus t'en passer. Elle te fera vivre et tu seras alors mon témoin.

« Parce que tu voudras absolument la vivre avec ce

que tu es. En mettant tes fragilités et tes dons au service de tous les êtres humains.

« Et tu auras la joie… une joie immense. Personne ne te la ravira. »

# Conseils

• Prendre du temps pour Dieu, c'est gagner des heures inestimables pour les autres.

• Le seul médicament, c'est l'amour de Dieu.

• Écoute, écoute inlassablement. Notre monde crève du manque d'écoute.

• Parle de tes faiblesses, tes manques. Et invoque Dieu. La foi s'entretient quand elle se communique.

• Admire le regard merveilleux des enfants : la lumière, la beauté, la clarté. Nous devons être des enfants pour Dieu

• Si tu ne crois pas en Dieu, mais que tu t'émerveilles devant un coucher de soleil, que tu regardes la voûte étoilée, c'est le premier pas vers l'adoration.

• Quand on est saisi par la rencontre d'un regard qui aime, alors on ne l'oublie jamais.

- Il faut tout donner.
- Fais tout par amour, même les gestes de la vie quotidienne.
- Invente ta prière si aucune ne te convient.
- Ponctue ta journée de petits « oui » à Dieu.
- Renonce à toi-même.
- Va toujours du côté des plus faibles, des perdants.
- N'aime pas par calcul mais gratuitement.
- Bûche sans cesse ta foi.
- Retrouve les valeurs de la fraternité.
- Dis « Je t'aime » le plus souvent possible.

# Bibliographie

Debergé Pierre, Dupleix André, *Guide pratique de la vie en église : la foi au quotidien*, Bayard, 2002.

Derrida Jacques, *Foi et savoir*, Points, 2001.

Dolto Françoise et Sévérin Gérard, *La foi au risque de la psychanalyse*, Points, 1983.

Favre Pierre, *La foi dans la peau*, Fidélité, 2012.

Forte Bruno, *Foi et psychologie, pour un dialogue fécond*, Salvator, 2016.

Grifone Joseph, *La foi vécue par les saints*, Le Laurier, 2014.

Huguenin François, *Les voix de la foi*, Tempus Perrin, 2015.

Marie-Michel, *La Foi. Porte de la Lumière*, Jubilé, 2012.

Pape François, *La Lumière de la foi*, Artege, 2013.

SAINT-BON Henri de, *L'Islam à la lumière de la foi chrétienne*, Salvator, 2016.

SARAH Robert (cardinal), avec Diat Nicolas, *Dieu ou rien : entretien sur la foi*, Fayard, 2015.

SARG Rachel, *La foi malgré tout : croire en prison*, PUF, 2016.

**Pour les plus petits**

Collectif, *Mon cahier d'éveil à la foi*, Mame, 2015.

GILBERT Monique, *Il était plusieurs « foi » : pour répondre aux questions des enfants sur les religions*, Albin Michel, 2015

GIRARDET Sylvie, *1 foi, 2 foi, 3 foi*, Hatier, 2005.

ROCHE Maïté, *Mon imagier de l'éveil de la foi*, Mame, 2015.

# Table

*Du même auteur (suite)*

*Passeurs de l'impossible*
*Ma religion, c'est l'Amour*
*Kamikaze de l'espérance*
*Et si je me confessais*

AUX ÉDITIONS SALVATOR (REPRIS CHEZ J'AI LU)

*Cris de jeunes*

AUX ÉDITIONS DES BÉATITUDES

*Chemin de croix*
*Le plus bel album de famille : le rosaire*
*Les mystères lumineux du rosaire*

AUX ÉDITIONS DU LIVRE OUVERT

*La violence… un appel ?*
*Lutte, prie et aime*

AUX ÉDITIONS COCCINELLE (BANDES DESSINÉES)

*Aimer à tout casser*
*Des loups à Faucon*

Cet ouvrage a été achevé d'imprimer
en mai 2016 dans les ateliers de
Corlet Imprimeur à Condé-sur-Noireau

N° d'imprimeur : 181643
Dépôt légal : mai 2016
ISBN : 978-2-84876-531-0
*Imprimé en France*